꽃과 악수하는 법

삶의 시선 026

꽃과 악수하는 법

초판 1쇄 발행 | 2008년 1월 30일

지은이 | 고선주
편집인 | 박일환
편집주간 | 김영숙
편집부 | 엄기수 박광수
영업부 | 김기성
펴낸곳 | 도서출판 **삶이 보이는 창**
등록번호 | 제18-48호
등록일자 | 1997년 12월 26일

(150-820) 서울시 영등포구 대림1동 929-5(2층)
전화 | (02) 848-3097   팩스 | (02) 848-3094
홈페이지 | www.samchang.or.kr

값 6,000원
ⓒ 고선주, 2008. Printed in Seoul, Korea.
이 책은 광주문화예술진흥지원금을 일부 지원받아 펴냈습니다.

ISBN 978-89-90492-55-5 03810

꽃과 악수하는 법

고선주 시집

삶이 보이는 창

■ 시인의 말

오랫동안 묵은 그 무언가를
토해내는 심정이다
삶이 버거워 늘 뒷전이었던 詩들이다
겨우 혈액과 장기를 만든,
신산한 생명 하나가 꿈틀거린다
튼실한지 모르겠다
다만 무병장수하기를 기원할 뿐이다
詩라는 자식을 낳기 위해
그 황량했던 시간들을 모두 가슴에 묻어버린
지난날이 회한처럼 휩쓸고 지나간다
생명 하나를 키운다는 것,
이렇게 힘든 산고가 기다릴 줄 몰랐다
조금은 안온한 방에서
따끈따끈한 그놈들을 그리워할 것이다

나는 막 세상으로의 첫 발걸음을 뗀다

2008년 1월 고선주

■ 글차례

5 · 시인의 말

1부

13 · 산
14 · 나무들이 웃는다
16 · 대한 무렵
17 · 꽃
18 · 극락강역을 지나며
20 · 새
21 · 그해 여름 매미는
22 · 벌레에게서 가르침 한 수
23 · 폭설
24 · 가슴 속의 방죽
26 · 미암을 만나다
28 · 눈길

2부

동물원에서 · 31
휴지통 · 32
할머니 분식집 · 34
플래카드에 대한 묵상 · 36
전파사 · 38
리어카는 달린다 · 40
길 위의 장갑 · 42
폐교 가다 · 44
국어 강사 왈 · 45
2007년 5월 · 46
이름 없는 풀꽃에게 쓰는 편지 · 48
우리 처음처럼 · 49
녹물 한잔 들이키다 · 50

3부

53 · 어떤 장례식
54 · 손
56 · 사창 가는 버스
58 · 비눗방울
60 · 메주를 생각하다
62 · 감나무 묘목
64 · 경운기 이동문고
66 · 식물의 싹
67 · 호박 옆에 앉아
68 · 노총각 김씨
70 · 육개장
72 · 소형 냉장고 문을 열면
74 · 걸레

4부

북을 치다 · 79
내 인생의 비상구 · 80
물에 反함 · 82
두껍아, 새 집 줄게 · 84
不通 · 86
까치수염 · 87
볼링에 얽힌 우화 · 88
여름, 한낮의 악천후 · 90
풍경소리 · 91
광명아파트 뒷산을 인터뷰하다 · 92
탱자울타리에 멈춰선 사내 · 94
不眠 · 96

해설 절망을 노래하는 역설의 시학 **최금진** · 97

1부

산

나는 한 번도 나를 벗지 못했다
단풍 그늘이 땀자국처럼 또렷이 번져 있는
계곡을 지나 너의 가을을 만난다
바람으로, 햇빛으로 너는 거듭거듭
너를 벗지만
땅과 더불어 탈진도 하지만
발가벗고 얼마 안 있으면
쓴 소주병 들고 무덤 찾는 가을 속으로
아버지와 또 그 아버지가
줄줄이 갔던,
누에고치실 같은 길을 내주며
가시머리를 뽑아 올린 밤송이와 함께
너의 그늘 아래서 쉬었다 가리라

나무들이 웃는다

무등산에 갔었다
중머리재에서 토끼등으로 하산할 때였다
사람들 아무렇게나 헝클어져 지내면서 이름도, 마음도 내팽개치는데
숲속 나무들 아무렇게나 헝클어져 있으면서도 이름도, 마음도 푸르다
어느 누구 하나 무단 가택침입이니 월담이니 하는 것 없다
서로 햇볕 잘 드는 자리 차지 위해 싸우는 일 없다
간혹 욕심 부리다 누렇게 가지가 타버린 나무들도 있다
그 나무에는 새 한 마리 얼씬 않는다
때론 나무들 가지를 잘라 놓아도
상처 꿰맨 자국 없이 푸르게 여름을 드리우기도 하고
푸른 잎사귀 털어버리고도 한겨울 춥다 말하지 않는다
나무들이 생년월일, 연락처 없이도
어찌나 조화롭게 사계를 꾸려가는지,
까마귀밥여름나무, 당단풍나무, 국수나무, 개암나무, 굴참나무, 조릿대, 산철쭉, 소나무

모두 내게는 지인들이다
산비탈이 많은 이들의 삶
그러나 산비탈인 줄 알면서 푸른 하늘만 보는 나무들

대한 무렵

살얼음 언 저수지에 바람의 발자국 선명하다
닭살 올라온 살얼음들의 거친 피부 핥고 지나는
바람의 뒤를 밟다가 대숲들이 요동치는 것 보고는
쓸쓸하다 못해 적막한, 바스락 소리에 쳐다보니
댓잎 붙잡고 하얀 눈眼 부비며 막 잠에서 깬
눈雪들이 뿌리 한 올씩 붙잡고 바닥으로 내린다
바닥에 축축한 댓잎들 속 썩는 소리 들리는데
다른 뿌리 받지 않겠다고 발버둥치는 그곳, 홀로
남겨진 心地 하나

꽃

꽃은 봄에 피지 않는다
십구 개월 된 딸아이 입에서 먼저 발화한다

한창 말하는 재미에 푹 빠진 아이
꽃, 꽃, 꽃 했더니 껏, 껏, 껏 한다

껏, 껏, 껏 소리에
흙 위에서는 결코 피지 않는
꽃 만발한다

제철에 만날 수 없는 꽃
내 안의 꽃은
온통 아이가 껏, 껏, 껏 해야 만날 수 있으리

껏을 보면서
아이에게 무수히 많은 겨울이 올 것이고
꽃은 겨울에 피어 봄에 질 것이란 생각을 하다가
문득 앞을 보았더니 껏 하나가 방긋 웃고 있었다

극락강역을 지나며

극락강역에는 사람이 없다
열차가 잠시 머물 뿐 누구 하나 타고 내리는 사람 없다
소역사 마당 텅 빈 바람뿐 사람의 인기척 하나 없다
마을을 버리고 온 자동차와 선로보수원의 것으로 보이는
낡은 운동화 그리고 자전거가 현관에 쓰러져 있다
들판 한가운데 놓인 작은 간이역
사람의 마을 꿈꾸고 있는지
새벽 졸린 눈으로 들판에 박혀
열차가 지날 때마다 껌뻑이지만
여기서는 지천으로 널린 사람 하나 없다
퇴락해가는 역사 너머로 농토는 새벽을 열어젖히는데
떠나는 자와 찾는 자의 아슬아슬한 이별도, 만남도 없는
이곳을 열차는 꾸역꾸역 찾아온다

몇 번이고 길을 잘못 들어
엉뚱한 곳으로 가던 나도

그런 역 하나 가슴에 두고 산다
도심에서 벗어나 몰래 숨기라도 하듯 초라한 역사
나도 늘 나를 숨겨놓고 보았던 것이다

지천으로 널린 사람도
나한테는
스치고 갈 발길 하나 주지 않았던 것이다

새

새가 나무에 앉는 것은
하늘이 싫어서가 아니다
너무도 푸른
그곳에 차마 동선을 그릴 수 없어서다

새가 하늘을 나는 것은
땅이 싫어서가 아니다
새싹들이 자라는
그곳에 차마 발길질할 수 없어서다

하늘과 땅
땅과 하늘

보라,
새가 그 가운데를 타고 날아간다

그해 여름 매미는

매미는
푸른 나무들을 악보처럼 펼쳐놓고
바람이 건들 때마다
몸 흔들며 노래 부른다
마음 저리는 날도
지열로 온몸 끓어오르는 날도
운명처럼 소리통을 닦는 매미
도심의 산이 허물어지고
나무가 베어지는 날에도
누구 하나 들어주는 사람 없지만
비탈길에 서있는 나무들에게
'힘들어하지 마라'
아파하지 않은 사람은 결코 들을 수 없는
가슴에 박히는 노래 종일 부른다

벌레에게서 가르침 한 수

벌레는
초록을 꿈꾸는 혁명가다

손도, 발도 없는 것이
집채만 한 나무를 집 삼는다

뼈도 없는 것이
가시 돋은 나무를 놀이터 삼는다

다람쥐 쳇바퀴 돌 듯 돌아가는 세상
엉금엉금 기는 것 보면
느려터졌다
마치 나무에 빌붙어 사는 것 같다

인스턴트, 人스턴트 시대에
스턴트 하듯 사는 요즘 사람들
벌레 사는 숲으로 가야 한다

폭설

신가동 중흥아파트 단지 언덕길 내려가다 보면
허름하게 앉아 있는 키 작은 단독주택
맹견 한 마리 키운다
도둑 들지 말라고 키운 것인데
밤이면 담 넘어오는 달빛에도 캉캉 짖고
손발 없이 월담하는 바람에도 성깔 한번 사납다

목줄에 묶여 제자리에만 겨우 발자국 남기는,
그곳이라도 지켜내려 사투를 벌이는 듯한
맹견들, 시도 때도 없이 짖어대던 것들이
눈이 새까맣게 내리던 그날,
꼬리 대신 소리를 모두 내렸다
눈을 쌀가루로라도 생각했던지
자꾸 하늘로 뛰어올라 낚아챘다
아무리 발버둥쳐도 밥그릇엔
새하얀 소금꽃만 피어 올랐다

맹견 대신 폭설이
입도 없으면서 앙칼졌다

가슴 속의 방죽

그해 폭설이 내렸다
농지 정리 위해 뒤엎어 놓은
황토 곳곳에 조그만 방죽이 만들어졌다
어머니의 고통스런 신음이 있은 다음에야
새벽은 어렴풋하게 깨어났다
아침을 먹는 둥 마는 둥
들판으로 나갔다
허름하기 짝이 없는 썰매를 놓고 달렸다
방죽은 기막힌 엄폐물이었다
찾으려고 해도 찾기 어려운 은신처와 같은 곳
칼바람 목덜미를 움켜쥐어
썰매는 꼬꾸라지기 일쑤였고
앞으로 가려는 나는 중심잡기 어려워
오기가 발동했다
옷은 축축하게 다 젖고
언제 꺼질 줄 모르는 얼음은
우릴 잘 떠받들었다
해 가는 줄 모르고 놀던 그 논들이
 할아버지와 할아버지, 아버지와 아버지의 곳간인 것은

안중에도 없었다
오로지 썰매만 탈 뿐이었다
유년은 그렇게 허무하게 져버렸다

언제부터인가 나는
내 가슴 속 방죽을 깊이 파내려가고 있었다

미암을 만나다

연꽃 환한 방죽 거닌다
탁한 뿌리 마음에 품었더니
삶의 처연한 멍울들 나온다
오래 물속에 발 담근 채
연으로 피어난 미암*이
물살로 새긴 날들, 바람보다 빠르게 다가왔다

생이 고단했던지
창호지마저 떨어져나간 활자의 집
밤새 바람소리에 가위눌렸거나
뒤척이느라 잠 못 이루다 나무가 되었거나
개 짖는 소리보다 먼저 개울을 건너온 일상
나무의 잠 털어내자
퇴적된 문자들이 숲을 이룬다

쥐오줌 자국 선명한
귀퉁이 닳은 뽕잎 지면에
누에처럼 기어가는 서체
깊은 잠에 빠진 상현달 깨운다
밤이면 푸른 입 벌려

헹군 하늘
수백 년 시간 껴안고 잠들어 있는 목판 앞에
미암이 졸고 있다

＊미암 : 류희춘의 호. 대표작 『미암일기』.

눈길

어려운 주머니 사정에
일상에서도 늘 미끄러지는데
눈이 온다
염병할 눈이 또 길을 꽝꽝 얼린다
조심조심 마른 데만 골라 걸어도
미끄러진다, 나가 떨어져 주저앉아 보는
길이 참 멀다
어느 누구도 품어줄 수 없는 길에
눈까지 내려 마음까지 한파다

덮인 눈 때문에 경계가 모호해진 길,
미끄러질까 중심을 다잡아야 하는
위태로운 선線상의 남자
사실 혼자 몸 안의 길을 닦고 있는 중이다

2부

동물원에서

딸아이와 우치공원 동물원에 갔다
공작새가 갇힌 그곳에
참새가 스스로 몸을 유폐시켰다
자연이라는 드넓은 밥상을 물린 채
배춧잎과 각종 먹이가 탐났던 것이다

주먹 하나 들어가기 어려운
그 작은 철조망 틈 사이로
참새는 배고플 때마다 들러
공작의 밥그릇을 쪼는 것이었다

공작은 화려한 날갯짓만 할 뿐
제 밥그릇이 비는 줄 몰랐다

아이야,
우리도 유폐되던 때 있었지만
남의 밥그릇 뺏지는 않았단다
네 밥그릇 내줄지언정
남의 밥그릇 뺏지는 말고 살아라

휴지통

버려진 것들은 말이 없다
신자유주의시대, 버려진 사람들
마치 바탕화면 휴지통만 넘쳐나는 것처럼
그래서 절망인 시대
하루하루 연명해간다는 것 자체가
슬픈 역사로 남는
완전 삭제 가능한
전소 혹은 다운
지지직 끓고 있는 화면 같은 세상
클릭해 휴지통에 넣어버리면
바탕화면에 철옹성 같던 집 한 채
중장비 없이도 흔적 없다
미로처럼 납작하게 엎드린 활자나 그림들이
기거했던 JPG나 BMP, 한글의 문패 가진 집
그 집에는 정원과 연못 없어도
마음 누일 수 있어 행복했는데
내문서나 내컴퓨터, 인터넷, 네트워크환경처럼
너무 한 집에 오래 머문 것들 해고하거나
늙은 정보들은 휴지통에 고려장시키거나
그러나 새로운 파일들은 다시 태어난다

버려진다, 그때마다
아프다는 말도 못하는
컴퓨터 휴지통 같은 세상 속
사라지는 사람들

버려진 것들은 말이 없다

할머니 분식집

라면 한 그릇 먹으러 그곳에 갈 때마다
할머니의 위태로운 날들과 대면한다
칠순이 되고도 식당일과 손자 육아까지
덤으로 얹어진 날들
식탁 하나 의자 네 개가 전부인 식당에는
할머니의 손때 묻은 것들
할머니와 같이 늙어 있다
한쪽 벽에는 지네 닮은 빗물자국이 진화해
전설 같은 소나무의 그림자가 됐다
그 벽화 속으로 손을 디미는
이제 갓 돌 지난 손주 녀석
위태롭게 걸터앉아 울음을 삼킨다
일용잡부들이나 할머니 푸짐한 된장국에
밥을 말아 먹고 사라지면
할머니는 분주했던 시간을 내려놓고
병풍처럼 드리워진 달력을 바라보기도 한다
할머니 신산했던 지난날을 떠올리는가
지글지글 끓던 가래가 목에 탁 걸린다

며칠 뒤 할머니 분식집에

라면 한 그릇 비우려고 갔다가
고요한 할머니의 부엌 바라본다
밥과 라면을 파는 것이 아닌
웃자란 시간들을 끓여 내놓던
늙은 세월

플래카드에 대한 묵상

출근길
아버지의 등허리 같은
플래카드를 바라본다
온 생애가 다 낡아진 뒤에야
아버지는 가족이라는 끈에 묶여
바람에 날린다
십자가에 못 박힌 예수처럼
팔 벌린 채 가로수에 묶여 있다가
바람이 불 때마다
지난 밤 악몽을 털어내려는지
온몸을 비비 꼰다
사는 일이 악몽을 만드는 것이라서
두 팔은 나무의 몸통 붙들고
하소연을 한다
꿋꿋하게 하늘 길 열며 살라고,
가슴에 유언장 같은 활자들 새겨지고
차마 하늘이라 부를 수 없는 곳에
발 없는 뿌리 내리면서
저토록 제 삶을 단출하게 정리하는 힘,
시커먼 매연들 탱탱한 살을 이룬 아침

내 마음 속엔
삶의 전의 새긴 플래카드 한 장 내걸린다.

전파사

골목마다 넘쳐나던 70년대
전파사는 고장난 것들 천국이었다
요즘은 그 흔하던 전파사 찾기란
서울서 김서방 찾기만큼이나 어려워졌지만
어쩌다 보게 되는 곳은
재개발지구나 산동네 같은
버려진 동네 입구

말을 할 줄 모르는 라디오 눈만 껌뻑이는 TV
전파사 아저씨 연장보다 먼저 토닥토닥 치면
입 터지는 라디오 눈 밝아지는 TV
성형수술 받아 안면 바꾼 인간만큼이나 호기어렸다

날이 갈수록 질이 높아져 고장날 것이
흔하지 않다던 전파사 아저씨
어느 날 기별 없이 사라졌다가
빚만 잔뜩 새끼쳐서 돌아왔다
다시 산동네 입구에 가게를 열었다
그 흔한 광고지 하나 돌리지 않았는데
개업하는 날 전파사 문전성시 이뤘다

사는 것도 고장난 사람들이
고장난 것들을 들고 우글거렸다

리어카는 달린다

집으로 가는 길
한 할아버지 본다
옥수수 줄기 같은 두 팔과
시누대처럼 야윈 발에 기댄 채
해질녘 오르막 힘겹게 오르는 리어카에는
폐기 처분된 용지들 가득하다
칠십은 넘겼을 법한 할아버지
자신이 폐기처분된 것 알까
분명 자식들 있을 텐데
폐지보다 더 가뿐하게 어디론가 날아가 버리고
사는 것이 해 떨어지는 일이지만
할아버지의 일은 해 떨어져도
도무지 끝날 줄 모른다
한때 푸른 일기장 같았을 삶 어디로 갔을까
폐지보다 더 가볍게 할아버지가 날린다
죽어서도 결코 고된 노동의 힘줄은
끊어지지 않을 것이다
차들이 뒤엉켜 어디 비켜설 틈도 없는 거리
내리막을 내려갈 줄 아는 나이에도
여전히 오르막이다

한 발 뗄 때마다 리어카가 좌우로 심하게 흔들린다
결코 뒤돌아보지 않고 앞만 내달렸을 그 삶이
좌우로 균형 맞추고 있는 이유는 뭘까

길 위의 장갑

송암공단 너머 광주대 가는 길
차가 지날 때도 꿈쩍 않는 장갑 하나
기름때 시커멓게 묻어 있는
어느 노동자의 몸부림이 누워 있다
언제 치일지 모르는
저 위험한 공간으로 내몰려
껌이 돼 바닥에 붙어 있다
아마 선반기계 다루는
그래서 늘 선반 위에 눕고 싶은 삶을 살아가는
노동자는 장갑이 싫었을 게다
장갑은 노동의 출발이 아닌
착취의 첫 시발일지도 모른다는
악몽이라도 꾸었을까
아무리 큰 바퀴가 밟고 지나가도
창자가 달라붙은 등걸은
시퍼렇게 멍들어 있다
숨 쉬지 않고 살아가는 법을 알아버린 것일까
메마른 숨소리도, 헛기침도 없다
이 땅의 자본은 열 손가락 있는 것만도
다행으로 알아야 한다는 가르침을

그래서 장갑은 노동의 시작이 아니다
자본에 굶주린 자들로부터의 착취의 시작이다
하얀 장갑 끼고 할머니를 남의 땅에 묻고
면장갑 끼고 벽돌 나르며 꿈을 가슴에 묻는 자들
아버지도 벽돌을 나르다 장갑을 벗었을 게다
손은 온통 갈라지고
한쪽 발은 휘어 기형이 되어
세상 어딘가를 걷고 있을 게다

폐교 가다

 학생수 부족으로 초등학교가 폐교된다니 주민들이 대책회의를 열었다 그래도 학교 아닌가, 성전처럼 여기는 학교 부지가 팔리는 것에 대해 악다구니를 써댔다 구입에 나선 사람은 아이들을 키우나 젖소를 키우나 키워내는 것은 생산적인 것이라며 학교 전통을 그대로 잇겠다 농인지 모를 소릴 지껄였지만 정작 농사를 짓는 대다수의 주민들은 목장 분뇨 걱정부터 하고 있었다 똥물 넘쳐 지독한 세상 냄새보다 더 지독할 거라고 파리 천국이 될 거라고 침을 튀겼다 그러자 부지 매입 희망자는 관공서 드나들며 주민들이 억지를 쓴다고 몰아부쳤다
 2년이 흐른 지금, 학교는 그 어느 것도 되지 못한 채 버려졌다 학생들 웃음소리와 호루라기 소리가 금방이라도 넘어올 것 같은 교정에는 염치없는 잡풀들만 높이뛰기 시합을 하고 그간 마을의 오랜 전통처럼 깨어진 유리조각들이 교실바닥을 굴러다녔다 아이들 그림이 내려다보고 있었다 칠판에는 무엇을 반대한다는 것인지 '결사반대' 삐뚤빼뚤한 낙서만 눈 부릅뜨고 있었다

국어 강사 왈

나는 대학 졸업하고 첫 번째 직장인 학원에서
복제교육, 복제해주는 국어강사다
나와 같은 기계가 한번 되어보라고
니네도 열심히 공부하면 선생님처럼 기계가 될 수 있다고
단어가 국어의 기본이다 자모음의 과학성을 보아라
이 시에는, 이 소설에는 여기가 중요하다고 집어내는
변두리 사설학원 국어강사다
교육 개혁 부르짖어도 분필가루처럼 허무하게 흩날릴 뿐
니네들은 오늘도 한샘국어자습서의 활자들 사이에서
눈을 부비며 혼미해진 정신을 부축한다
오늘은 빨리 끝내줘요 내일 시골 가야 해요, 하고
한 번이라도 시원스럽게 말 못하고 무거운 가방이 되는
니네들은 이제 열심히 기계가 되는 일만 남았구나

2007년 5월

1987년 도청 앞 분수대
민주주의 헛돌수록 시위대는
구호 외치며 더 빨리 돌았다
희뿌연 최루가스 코끝을 들쑤셨다
전두환, 군부독재가 선명해
구호 외치기가 편했지만
그럴수록 광주는 더 아팠다
대일밴드 같은 유인물이
하얀 눈꽃처럼 금남로에 소복이 쌓였다
최루가스 뒤집어쓴 유인물 활자들
우리보다 더 콧물, 눈물 범벅이었다

그로부터 20년이 흐른 뒤
불혹에 접어든 나는
힘없는 가장으로 몇 번의 달동네를 전전한 끝에
아파트 임대 한 칸 마련해 이사를 했다
이삿짐을 정리하는데
경제적 어려움만 기록해둔
달력과 수첩 속에서 색 바랜 유인물 뭉치를 발견했다

그때 눈물 흘리면서 주워다 놓은 것들이었다
　다시 민주화와 인권, 통일이 꿈틀대는 순간이었다
　정의를 알리겠다고 신문기자로 전전하다
　마흔 고개를 행여 세상과 합세하며 넘어가고 있는
건 아닌지
　누렇게 들뜬 지난날의 증거물 앞에서
　여간 부끄러운 게 아니었다
　그래서 오월문학관에 모두 맡겼다

　돌아 나오는데
　빛바랜 지난 함성이 가슴 속에서 오래 펄럭였다

이름 없는 풀꽃에게 쓰는 편지
−일본 에다가와 조선학교에 부쳐

그곳에도 꽃은 핀다
자본은 땅 한 평도 갖지 못한 자들에게
가혹하다
그러니 에다가와 조선학교는 더 말해 뭐하겠는가
남의 나라 남의 땅, 굴곡된 역사를 밟고
살아가는 에다가와 조선인들이여
그대들은 늘 동토의 사막을 걸어왔다
발이 저리고, 숨이 가빠도
그 동토에 핏기 마른 꽃 한 송이 피워 올린다
우리들 안락한 자본을 즐길 때도
서러운 남의 땅에 발 뻗을 곳마저도 없었다니
여전히 식민치하의 신음 아니겠느냐
때로는 살이 부들부들 떨리는 분노마다
에다가와 조선인은
메마른 땅 위에 꽃을 피워 올린다
줄기가 잘려 나가도 꽃을 피워 올린다

우리 처음처럼

미련 없이 뒤돌아서는 시대라곤 하지만
그는 길 없는 길로 떠나갔다
아직 겨울은 끝나지 않았는데
어디로 새 길을 내며 떠난 것일까
처음이면서 처음 아닌 것처럼 위장하는,
처음이 아닌데 처음인 것처럼 위장하는,
푸른 실핏줄이 선연한 손을 가로저으며
떠나가는 모든 것들이여
다시 돌아올 수 없다는 말만은 하지 말자
아직 당도해야 할 문이 얼마나 많은가
처음 접한 길, 처음 만져보는 자유,
모든 것들 아직 뿌리 없이 잎만 푸르다
잠시 서성이는 뒷모습은
남아야 하는 것들에 대한 인사 아닌가
세상 사는 일이
더러는 잘못 배달된 우편물처럼
미련 없이 뒤돌아*설 수 있는 것일지라도
앞만 보고 가지 말자
우리들의 뒤가 아직 시리다

*김수열 시 「우리 처음처럼」 제목과 내용 일부

녹물 한잔 들이키다

수도꼭지 틀자 녹물이 쏟아진다
소리와 하늘이 익사한 관 속에
몸 웅크리고 있다 튕겨져 나오는
녹물은 전사 같다
투명하다는 것
녹물에게는 먼 나라 이야기다
물길 터주느라 속병 든 관
나가려고 발버둥치는 물길 붙잡느라
다 헐어버린 손과 부르튼 발, 앙상한 몸으로
매장당한 채 부패해가는 삶
믿는가, 오줌발 같은 녹물이
세상으로 간다고
그렇게 노란 진국이 되기까지
얼마나 많은 여울 만들었을지를
또 얼마나 많은 날들 썩고 묵혀야 했는지를
햇볕 쨍쨍한 날 오후
나는 기꺼이 녹물 한잔 마신다
쇳가루들 익사해 둥둥 떠다니는
끈끈한 수액이 가슴팍으로 흘러든다
참 더운 여름이다

3부

어떤 장례식

산다는 것은 물 먹는 일이다
사무실 책상 물 멕여주는 컵 하나
어느 날 문득 출근해 봤더니
물속에 모기와 바퀴 한 마리
다정스럽게 수장돼 있다
왜 이 블랙홀에 빠져든 것일까
넓디넓은 하늘도 묻어버렸을까
날개 퍼득이는 마음으로 살아야겠다,
다짐하지 않았어도 그 마음으로 살아냈을
그 시간들 잔혹하게 굳어버렸다
길인 줄 알고 잘못 들었겠지 해도
풀 한포기 없는 그 무덤은
온 하늘로 덮여져 있다
이생의 날개 접고
또 다른 저 세상을 날고 있다
사느라 힘겨웠을 비행,
이제 영원한 착륙인 것이다

손

내 손은 아버지 손을 닮았다
짧은 손가락에 넓적한 손바닥
깍지 끼면 꼭 들어맞지만
살아가는 모습은 다르다

아버지는 내 손에 가난을 쥐어주셨으나
나는 세상과 악수하는 법부터 배웠다

아버지 가뭄 든 손바닥으로도
상처난 것들 새순을 틔우는데
내 보드라운 손끝에선
꺾이는 것들

세상을 향해 자라는 내 손톱은
깎고 깎아도 다시 자라지만
아버지 흙 만지는 손은
모난 것들 보살피느라 닳아서 둥글다

펜을 쥔 내 손은 세상 바꾸지 못하는데
호미 쥔 아버지 무뚝뚝한 손은

밭이랑에 한 세상을 일군다

사창 가는 버스

어머니,
사글사글한 눈망울 굴리며
시멘트 같은 세상 어떻게 살아가냐고
근심 볏단인 자식놈들
도회지 생활 건강 염려하면서
아침 일찍 해결하고 품팔이 하러 사창* 간다
이 빠진 시간 투덜거리며 버스가 몇 번이고
쉬었다 가는 군내 버스 뒷문 쪽에 앉아
안면 있는 성산 김씨, 능성리 고씨
다 같은 생활 무너뜨리며 악담 한마디 풀어놓으며
가버리면 그만인 생활고 건져 올리기 위해
다시 돌아올 길 한숨으로 말아 올린다
들길도 먼지 뒤집어쓴 채 산과 강을 끌고 간다
끝장이다 싶은 들판을 들풀이 데리고 간다
이제 정말로 끝장이다 싶은
주름 같은 논두렁 선명해도
눈감아 버릴 수 없는 것, 농사는
더 이상 힘 있는 시대가 아니어서
눈 찔끔 감고 아파트가 속속 들어서는
사창으로 성산 김씨, 능성리 고씨

개밥, 소밥, 닭 모이 주는 일 팽개치고
 벽돌 이러 사창 가는 이들을 버스가 토닥거리며
간다

 *사창 : 전남 장성군 삼계면 사창리, 광주 상무대가 인근으로 옮겨오면서 대규모 군인 아파트가 들어서는 등 급격한 변화를 맞음.

비눗방울

신가동 도시공사 아파트 한쪽에서
한 아이가 비눗방울을 날린다
불어도 날지 않는 방울에게서
어떤 고집이 읽힌다
아예 태어나지 않으면
겪지 않을 수많은 고통을 아는 것처럼
그러다 날지 않을 것 같은 비눗방울 날면
그토록 심각한 얼굴에 웃음꽃 피어나고
세상 안 되는 일 없지, 하는 듯하다
연달아 불어대는 비눗방울에게도
삶이 얼비친다
몸을 둥글게 오므려
세상을 품은 방울
하늘과 바람에게 속마음 보여주고서야
날아올랐다는 것을
아이는 방울이 저만치 날아오르기 위해
속살이 자라는 것을 참아냈다는 것을
다 알지도 못한 채 방울방울 불어댄다
얼마 날지 못하고
흔적 없이 사라지는 것 보고 좋아한다

그게 세 살 된 딸아이가 살아갈 세상이라는 것,
아이는 다 알지 못한 채 마냥 신난다

메주를 생각하다

뒤뜰 감나무 아래 장독대
항아리에 차곡차곡 쟁여지던
메주 내음 고소하다

가부장제의 절대 약자였던
그래서 늘 아버지보다 더 많은 삶을 감당해야 했던
어머니의 노동과 시간이 짜디짜게 만나
조선의 오묘한 맛 만들어내느라
항아리는 저도 모르게 임신해 배불뚝이 됐다
언제인가부터 어머니 장독대에 몸 풀었다
고요의 묵음들
피 토하듯 쏟아지고
장독대 그늘처럼 세월은 소리 없이 잦아들었다

햇살은 파닥거리는 물고기처럼
은빛 살갗을 장독대에 풀어 놓는다
오랫동안 햇빛 보지 못한
속살은 거무튀튀하다
영락없이 어머니 얼굴이다

두드러기 같은
세월의 피부 말리고 있는 어머니를
집 뒤뜰로 빠져나가는 바람에 끌려가면서
자꾸
뒤돌아 볼 수밖에 없었다

감나무 묘목

자식새끼들 학비로 농토 다 날리고
이제 남은 몇 평 밭뙈기에
묘목을 심는다

팔아버린 전답 보며 우리 땅이었는디, 하며
비 내릴 것 같지 않은 하늘만 나무라던 아버지는
니놈들과 니놈들의 자식놈 좋으라고 심는다고
한 말씀 하시고 허리를 쭉 편다

육십 평생을 하늘 한번 올려다보지 못하고
땅만 내려다보고 살아온 아버지
굽은 등을 보자
나는 가슴이 철렁 구덩이 속의 감나무보다 먼저 주저앉는다

어머니는 고단한 삶을 일으켜 세우듯 묘목을 잡으며
돌 많은 밭이 아들 고생시킨다면서
어서 뿌리를 내리라 주문을 왼다
70주 심는 데 묘목 값, 비료 값 다 빼고 나면
자식놈 한 번 낼 등록금 된다고

땅 놀리면 못써, 말한다

나는 이 감나무 묘목이 다 자랄 때까지
아버지, 어머니 거친 호흡 몰아쉬며
우리 곁에 있을까 생각하니
홍시와 감잎, 감나무 그늘이 성급해진다

경운기 이동문고

감나무들 어깨 토닥이는 청룡마을
육자배기 한 토막 같은 사람들이
마실간다
사느라 의치 하나 할 겨를 없이 농투성이로 살아온 얼굴에
실웃음 번지면서 늘 먼저 웃는 사람들
산맥처럼 주름 깊어진다
가쁜 호흡 몰아쉬며 해가 언덕길 내려가는 저녁
비닐하우스로 만든 책방 불을 켜면
모기떼들이 먼저 나선다
농토로 나가 텅 비어버린 집을 깨우며
경운기 이동문고 책방이
고단한 몸뚱일 풀어헤친다
풀과 나무들을 밀어내고 책을 싣고 시골길 누빈 지 스무 해
지난여름 장맛비 속에서도
옆집 영감처럼
언덕길이며 비좁은 골목길 잘도 다닌다

돋보기 끼고 두 손으로 받쳐 들어야 보일까 말까 할

활자들처럼 틀어박힌 시골마을에
해와 함께 뜨고 지는 경운기 이동문고

農事와 農史를 다시 쓴다

식물의 싹
—아버지

어둠 속에서 잠을 만들어 내지 못하는
아버지의 굵어진 손마디가
제초제보다 더 독하게 살아온
세월을 일으켜 세운다
산과 들판이 힘겹게 삭발하는 풍경 아른거리고
봄 여름 가을 겨울 쓸데없이 오가는데
들판을 버리지 못하는 아버지
감자와 콩의 뒤꽁무니를
도회지 자식놈들 다루듯 만지작거리다
막내놈 낳았을 때
지독한 추위에도 어린 싹들이
살아보겠다고 고개 내미는 것 보았다
고된 삶이 기다리고 있을지 모르는데
봉투에 담겨져 봄 되면 나오라는
아버지의 굵은 손마디 위로
힘겹게 솟구치는 싹 하나가 떨어진다

호박 옆에 앉아

절개지에 매달린 호박보다는
어느 순간부터 평지에 자란 호박이
좋다고 생각했지
고른 햇볕과 바람이 매만지는 터에
토질이 투정부려도
코끼리 귀 닮은 이파리들
펄럭펄럭 너른 그늘 키웠지
호박은 누렇게 늙어가면서
제 속에 사리알 같은 씨앗들을 키우는 성자

세상 둥글게 살 수 없다는 것 알지만
호박 옆에 앉아 있다 보면
허리 낮춰 드리운 삶이 담장을 넝쿨째 기어오르는
힘겨운 저녁을 만날 수 있었지
둥글게 사느라 정작 둥근 모습을 잃어버리고
힘겹게 매달려 있다가 마른 줄기에서
뚝, 떨어져버릴 것만 같은
늙은 호박
아버지의 주름진 삶이 어른거렸지

노총각 김씨

턱수염밖에 없는 노총각 김씨
팽이처럼 삶 휘감으며 떠돌다
오십 넘기고도 한 곳 머물지 못하는
어머니 뱃속 나오자마자 떠돌기 시작한 사람
한 번 나가면 서너 달씩 집 비운다
냉장고와 전기밥솥 코드는 뽑혀져 있고
앉은뱅이책상 위 녹차 다기들은
먼지만 들이켜고 있다
옷걸이는 땀 내음 맡으며 옷 받아본 지 오래
반쯤 열려진 비키니 옷장도 새 옷의 기억을 접은
지 오래
책들은 활자 지워내며
눅눅한 페이지마다 서로 기대 졸고 있다
옷장 위 이불들은 허리 꺾인 채
억지 잠에 빠져 있고
떠날 시간을 서둘러 알려주던
벽시계마저 파업 중이다
온기 없는 텅 빈 방
가구들의 버거운 숨 조각들이
비듬처럼 떨어져 눕고

낡은 것들 속에서 적요만이
긴 잠에 빠진 가구들을 쓰다듬는다

김씨는
팽이처럼 돌다가 그 자리에 주저앉을 것 알면서도
휘청인다

육개장

친구의 장례식장에서
육개장을 먹는다

하늘이 초저녁부터 밀린 잠을 잤는지
구름 커튼을 걷어내자
온통 소리 없는 눈꽃 축제 벌어지고 있었다
삶의 위태로움 앞세우고 내딛는 발길
장례식장에서
허우적대는 내 모습이 보이고
서성이면서도 다리 저린 사람들이 보인다
살아서 늘 그늘만 찾았던 친구
제 울음소리 떨구고 어디론가 가버린 곳에서
우리들은 쇠고기 몇 점을
꾸역꾸역 씹어 먹는다
한 매듭을 짓고
그 역시 확실하게 살아가기를 희망했으리라
제 삶의 진국이 되지 못한 채
제 삶만 펄펄 끓여 놓고
막 이승의 문을 빠져나간 친구

육개장 한 그릇을 비우는 일이
때로는 이렇게 서글프다
그는 무탈한 삶을 살다 간 사람이다

나도 사람들 허한 속 데우며
살다 가길
친구 장례식장에서 빌었다

소형 냉장고 문을 열면

말라비틀어진 오이 같은
옛 기억들은
때론 안주가 되어 밤을 취하게 한다

어머니 떠나오며 했던 기약
가슴 속에 꽁꽁 얼어 박혀 있지만
문 열고 나가면
무력하게 눈물 콧물이 되어 버린다

축 처진 몸으로 돌아와 드러눕는 방 안에
캄캄하게 들어찬 어둠
나는 세상과 잘 버무려지지 못한 파김치처럼
나를 뒤척인다, 죽은 생선들의 꿈이나 꾼다

다음날 냉장고 문을 열면
어김없이 들리는 어머니 목소리

제가 살던 땅을 떠난 바에야
한바탕 고춧물 뒤집어쓴
맵기만 오살나게 매운 김치라도 돼야제

소형 냉장고 문을 열면
흔들리는 밤 열차에 실려 온
어머니의 긴 말씀이 있다

걸레

사람이 늙으면 몸도, 마음도 꼬부라지듯
수건도 사람 몸 닦아내며
차츰 낡아간다

살아 있는 것의 지독한 냄새 맡으며
먼 훗날 자신의 운명을 직감했겠는가
낡고 초라해져 장롱 한켠에 가지 못하면
깨진 바구니에 던져지는 삶
걸레가 되는 것

너덜너덜해지는 하루의 밑바닥을
닦아내는 걸 업으로 삼은 후론
배배 꼬여버린 삶

사람 하는 일 중에서
걸레, 라는 말이 들어가는 건
어째 듣기에도 거북하건만

걸레는 독한 표백제로 살아온 무늬도 벗고
더 이상 쥐어짤 그 무엇도 없어

눈물만 흠뻑 흘린다

사람이나 걸레나 제 모습 닮지 못하고
말년에 드는 건 다 같은가 보다

ND# 4부

북을 치다

북을 쳐도
지친 삶은 듣지 못한다
만져지지 않은 어떤 쾌감이
안전한 착지도 없이
툭, 나가떨어진다
가슴이 두근거릴 때마다
내 몸은 작은 북이 된다
이 사람 저 사람, 툭 치고 지날 때마다
소리 없는 파열음으로 주저앉는다
가끔은 둥근 매질을 당하고
둔탁한 굉음으로 짙은 소음이 되기도 하고
고춧가루 같은, 매운 악보로 드러눕는가 하면
얻어터질수록 복어 입이 되는 몸뚱아리는
일찍부터 공허하게 배부른 채
암놈인지, 수놈인지 모를,
중성의 그 무엇 머금은
소리 따라가다 보면
박자 놓친 삶만 발 동동 구른다

내 인생의 비상구
−동굴

텅 빈 동굴
누워서 어두운 천정 바라본다
머릿속 간지럽히던 비상구를 생각한다
남북분단보다 더 견고한 가로막힘
애초 비상구는 없었던 것일까
찬 기운이 온몸 에워싸는 동굴 같은 방
비상구부터 찾는 나는
뭔가 촉수에 느낌이 오기도 전에
손부터 이불 속에 넣는다, 춥다
집과 회사 오가면서
자본주의는 더욱 익숙해져가고
뇌리에서 지워지지 않는 정체 모를
단어들만이 내 동굴 안에서 거꾸로 매달려 있다
버둥거릴수록
블랙홀 같은 어둠 속에 깊게 빠져든다
추위로 딱딱하게 굳은 몸 풀기 위한 몸부림만 앙상하다
유리창이 비상구처럼 나타났다 사라진다
나도 모르게 안쪽 문부터 닫았던 것이다
철옹성 같은 동굴 안

이곳에서조차 내 삶의 개구멍은
어찌나 많던지
하지만 비상구는 없었다
아니, 비상구를 아예 몰랐다
살은 다 뜯긴 채 뼈대만 남은 거대한 동굴
어디 기댈 곳조차 없이
나는 어둠 속에 버려진다
찬 기운만이 나를 핥는다
그러나 내 삶은 스스로 동굴을 강요한다
죽어라 허우적대고도 어둠뿐인
빛 없는 동굴

물에 反함

지역일간지 기자로 산다
매일 부패하기 쉬운 생선 굽는다
기사, 그 잡글은 하루만 지나도
썩은 냄새 진동한다
시 쓰는 일과는 항상 반대다
늘 똑같은 모양의 생선,
접시만 바꿔놓는다
젓가락질도 하는 놈만 한다
언론노동자로의 삶이 부끄러울 때 있다
보지 않는 신문, 속보경쟁도 없어졌다
예전에는 물 먹는 일 많았다
어쩔 때는 매일 물 먹었다
그래서 사무실 책상으로
헛배 부른 활자들 떨어져 내렸다
한 번 박힌 활자들은 절대 떨어지지 않는다
하루 멀다 하고 나는 물 먹는다*
침통한 그 물맛은 쓰다
물을 갖다 댔더니
침통한 얼굴 하나가 수척하게
어른거린다

아니, 슬슬 기는 것 아닌가, 記者

*물 먹는다 : 언론에서는 낙종의 의미를 지칭.

두껍아, 새 집 줄게

동화책 읽다가 문득 떠오른 생각

나는 집 한 채 없다
살기는 살 뿐이지
어디 살았다고 말할 수 있을까?
남의 집, 남의 회사, 남의 학교 다니는
나는 내 것이라곤 없지
딸과 아내와 살 집 한 칸 없다니
한참 잘못된 자본주의 아닌가
베짱이가 된 지 오래
더 멀어져 나간 내 안식의 꿈은
누가 빼앗았을까

천형처럼 벌겋게 충혈된 눈과
문신자국처럼 두 二子가 새겨진 이마
미세하게 떨리는 안면 신경통의
그런 세월만 남겨졌네

두껍아 두껍아 헌 집 줄게 새 집 다오

동화 읽다가 재빠르게 책을 덮어버렸다

不通

아무리 말해도 소리가 들리지 않는다
아무리 들으려 해도 말이 없다

제일 안 통하는 것, 말 아닌가

까치수염

도루코 면도날이
매서운 눈초리 보낸다

밀면 밀수록 울울창창 숲이 되는 수염
바람과 비가 없어도 절로 자라는 숲
재개발 위한 포크레인 같은 면도날이
지나간다
아무렇지도 않다
내 얼굴은 무표정하다

까무잡잡한 마음뿐이다

볼링에 얽힌 우화

볼링을 한다
하나도 남김없이 넘어뜨려 보라고
열 개의 핀들이 꼿꼿하게 서 있다

볼링공 가슴으로 당당하게 맞고 쓰러지는 놈 있는가 하면
비겁하게 다른 핀 뒤에 숨는 놈도 있다
쓰러질 듯 쓰러질 듯 세상 끝으로 기우뚱하다
바로 서는 어떤 놈들은 그래도 중심을 아는 놈
내색 않다가 공이 스치기만 해도 알아서 앓아눕는 놈
줄 잘 서서 앞에서 넘어지면 냅다 따라 드러눕는 놈
다시 세워 놔도 공이 굴러오기도 전에 기겁부터 하고
아예 누워 일어나지 않는 놈은
정신부터 새로 세팅해 주어야 한다

애초부터 쓰러질 생각부터 하는 녀석들이라지만
내 손엔 도통 넘어지지 않는 놈들을 향해
오늘은 힘껏 공을 굴린다, 던진다

스트라이크!

사방으로 파닥이는 볼링핀들이 꼭
그물에 걸린 물고기들 같다

여름, 한낮의 악천후

세상 속으로 한 발짝 들이밀 때마다
비는 죽창 같은 칼날 내리꽂기도 하지만
사내는 세상 밖으로 늘 줄달음쳤다
한바탕 광대 같던 악천후 속으로 가던 사내
온몸 흔들어 지상에 머리부터 곤두박질치는
비를 바라보고 있다
동공에 터질 듯한 핏줄
사내의 검고 긴 속눈썹에도
빗방울이 매달려 있다

둥근 빗방울이
사내의 어깻죽지와 목덜미로 굴러내린다
대지는 비에 온몸을 적시고도
하얀 포말 같은 게거품을 피워댄다
비는 결코 살이 되지 못한 채
몸 안으로 들어와
제 삶이 바닥으로 떨어질까
옷소매를 붙잡고 매달린다

사내의 뒷모습을 비바람이 휘감는다

풍경소리

風磬소리가 산의 귀를 어루만진다
나무들 꼿꼿하게 서서
바람 지나는 길목 향해 손 흔든다
가끔은 새소리 들렀다 가는 뜨락엔
해 그림자 밟는 대웅전이 수도 중이다

세상의 모든 소리 모였다가
합장하고 돌아가는 길에
마음의 바랑에 담아주는 둥근 심장 소리
諷, 經
바람이 經을 읽는 소리에
초저녁 별들이 극락 가는 길을 밟는다

어두워 올수록 밝아지는
대웅전 마루에 앉아 있으면
風磬소리는
눈앞에 펼쳐진 風景들보다
먼저 울창한 숲이 된다

광명아파트 뒷산을 인터뷰하다

새벽녘 잠을 털어내지 못한 채
광명아파트 뒷산에 간다
밤의 문패처럼 걸려 있는
잠의 견고한 뿌리 끌고
숲 속에 들어선다
산보다도 높게 하늘로 솟아오르는
신축 아파트, 공사장이 눈에 들어온다
새들보다 더 가볍게 살아가려는 사람들 기거하겠지
나무들 밑동이 잘려나가면서
손금보다 더 선명했던 숲길
공사장 한켠 아슬아슬하게 매달려 있다
그 길을 타다 보면
즐비한 묘소들마저 집을 잃은 채
영혼마저 서둘러 이사 가느라
관 뚜껑 버려둔 것 보인다
하얀 뼈들이 기거했을 그 자리
아파트에 부딪쳐 발이 부러진 바람들
요람인 줄 알고 달려와 드러눕는다
숲도 숨이 차오르는지
꼿발 디디면서 허리 펴고 있다

마취도 하지 않은 채 살을 도려낸 산
새살이 돋아날 수 있을까

탱자울타리에 멈춰선 사내
-귀향

독한 가시 품고 살던 한 사내
세상 위태롭게 건너느라 거미줄 같은 주름살과
옥수수염보다 더 하얗게 세어 버린 그간의 이력을 품은 채
탱자 향기 잘 여문 서정리로 갔지
얼마 전 저세상 문턱을 넘은 아저씨네 탱자울타리 앞에서
딸꾹질하듯 발길을 멈췄지
물에 젖은 빨래마냥 슬픔이 채 가시기도 전
푸르게 웃음을 물고 있는 탱자나무들
서로 옆구리 찔러대면서도 손 맞잡고 둘러서 있었지
마을 담벽 허리춤을 에돌아가는
탱자울타리에 매달린 것은
둥글게 빛나는 유년의 기억
독한 가시로
꽃 피우고 열매 맺는 탱자나무처럼
살고 싶었던 사내
탱자울타리 끝자락에서 잠시 서성이다
멀어져갔지
가시에 찔린 듯 아프게 살아나는

그리운 얼굴들이
뒷모습을 끌며 가는 사내를
배웅하고 있었지

不眠

접속불량인 몸과 잠이 누전된 밤
찌릿찌릿 사념에 감전된 몸을 이리저리 뒤척이는데
멀리 개 짖는 소리조차 꿈속을 오간다
그래도 버리지 못하는 몸뚱이
무슨 걱정, 생각이 하나 가득 들어찼는지
소화불량으로 꾸르륵댄다
이런 날은 달빛에 찔려 피가 검게 굳어버린,
구름의 바스락거리는 소리까지 귀에 박히는데
근육이양증을 앓는 잠의 **뼈**대만이
위태롭게 날을 세운다

■해설

절망을 노래하는 역설의 시학

최금진(시인)

1. 양날 달린 검의 실용성에 대하여

아도르노는 그의 저서 『계몽의 변증법』에서 다음과 같은 이야기를 남겼다. "인간 정신의 진정한 속성은 物貨에 대한 부정이다. 정신이 소비를 위한 목적으로 팔아넘겨질 때 정신은 소멸될 수밖에 없다." 그렇다면 모든 정신적 가치가 상업적으로 이용되거나 전도될 때, 그것에 배반당하지 않으려면 시인은 스스로를 감시해야 하며 스스로를 넘어서야 하는 것이 주어진 책무일 것이다.

고선주의 시들은 그 물화에 대한 배반의 도구로 세계를 부정하면서도 동시에 따뜻하게 껴안는 역설의 변증법을 택하고 있다. 따라서 그의 시들은 현실의 억압적 사회로부터 이상적인 사회를 이루고자 하는 염원과 그 실천의 온건한 조장이라 할 수 있다. 계몽을 위해 비관적인 현실을 직시할 때에는 그는 차가운 이성을 사용하고 있으며, 온건한 조장을 위해서는 측은한 연민으로 세계를 동정하거나 화해의 자세를 취하는데 이때 그의 시는 따뜻한 서정의 파토스를 덧입는 방식을 드러낸다. 그에게는 바깥과 안쪽을 부정하면서 동시에 긍정하는 매우 효과적인 방법인 셈이다. 비관적인 사실 인식과 그 세계를 감내하고 견디어내는 착한 서정의 힘은 그를 절망의 구렁텅이에서 빛의 세계로 나아가게 하는 강한 견인줄이 되어준다. 이러한 시적 방식은 대상과 현실과의 거리를 가늠하여 피상적 인식을 넘어 본질과 핵심에 닿을 수 있도록 해 주는 매우 균형 잡힌 천칭의 역할을 담당하기 때문에 그의 시는 사실보다 더 사실적이라고 할 수 있다.

  또한 그는 자주 역설과 격언 형식의 아포리즘을 미학적 장치로 차용한다. "아버지는 가족이라는 끈에 묶여/ 바람에 날린다"(「플래카드에 대한 묵상」), "버려진 것들은 말이 없다"(「휴지통」), "산다는 것은 물 먹는 일이다"(「어떤 장례식」), "새가 나무에 앉는 것은/ 하늘이 싫어서가 아니다/ 너무도 푸른/ 그곳에 차마 동선을 그릴 수 없어서다"(「새」), "소리 따라가다 보면/ 박자 놓친 삶만 발 동동 구른다"(「북을 치다」), "젓가락질도 하는 놈만 한다"(「물에 反」함), "장갑은 노동의 시작이 아니다/ 자본에 굶주린 자들로부터의 착취의 시작이다"(「길 위의 장갑」), "네 밥그릇 내줄지언정/ 남의 밥그릇 뺏지는 말고 살아라"(「동물원에서」) 등에서 볼 수 있는 아포리즘은 원래 히포크라테스가 질병의 증세와 진단을 위해 사용하던 의학용어에서 비롯되었다. 때문에 그의 시에서 등장하는 아포리즘은 그의 시가 병든 세상을 진단하거나 치료를 목적으로 우리들에게 발부하는 처방전으로 기능한다는 것을 암시한다.

또한 "어두워 올수록 밝아지는/ 대웅전 마루"(「풍경소리」), "고장난 사람들이/ 고장난 것들을 들고 우글거렸다"(「전파사」), "아버지는 내 손에 가난을 쥐어주셨으나/ 나는 세상과 악수하는 법부터 배웠다"(「손」), "꽃은 봄에 피지 않는다"(「꽃」), "내리막을 내려갈 줄 아는 나이에도/ 여전히 오르막이다"(「리어카는 달린다」), "결코 들을 수 없는/ 가슴에 박히는 노래"(「그해 여름 매미는」) 같은 역설은 그 특성상 종교적 진리를 선포하기 위해 표면적으로 모순을 드러내는 고도의 지적 장치임을 인지한다면 고선주의 시가 비극을 어떤 식으로 극복하며 발화하는지를 알 수 있을 것이다.

정리하자면, 고선주의 시 세계는 크게 두 영역으로 나뉘어져 있다. 세계를 직시하며 그 속에 능동적으로 자신을 참여시키는 현실성과 사물과 대상에 자신을 이입하여 합일하는 몰아의 서정성이 그것이다. 그러나 자기 스스로를 참여시키는 현실은 웅변과 주장 일색의 현실이 아니며 서정은 뻔한 염세로 떨어지거나 게으른 해탈로 귀착하지 않는다. 상반되는 것처럼 보이는 두 개의 인식이 교차되면서 만들어낸 십자가 위에서, 그는 고통스러운 현실을 극복하기 위해선 충분히 고통스러워야 한다고 말하는 듯하다. 그의 시가 역설과 변증을 양날 달린 검으로 사용하고 있다는 점을 기억해 두면서, 그가 어떤 식으로 현실에 대응해 가는지 지켜보기로 하자.

2. 입구 없는 출구, 출구 없는 입구

그의 시에선 마치 고흐의 〈감자 먹는 사람들〉에나 등장할 법한 인물들을 자주 만나게 된다. 그림 속에서는 하나의 흐릿한 램프를 중심으로 헐벗은 손들과 어둠이 잔뜩 들어와 박힌 얼굴들이 모여 있다. 그들은 농민일 것이며 노동을 마친 한 가족이거나 또는 대충 끼니나 때우려고 태어난 듯한 천한 신분의 하인들이 분명하다. 그들은 "열 손가락 있는 것만도/ 다행으로 알아야 한다"(「길 위의 장갑」)고 서로에게 충고한다. "아이들을 키우나 젖소를 키우나 키워내는 것은" 모두 "생산적인 것"(「폐교 가다」)이라고 말하는 사람들에겐 희망이 없다. 하루치 노동을 끝내고 난 저녁이지만 그들을 기다리고 있는 건 육체가 감당할 수 없을 만큼의 새로운 노역이므로 하루의 끝은 다시 "자본에 굶주린 자들로부터의 착취의 시작"(「길 위의 장갑」)이다. 따라서 그들의 어깨와 얼굴들이 만드는 빛의 둥근 울타리는 곧 육체의 감옥이며 출구 없는 삶이다. 그들이 처음 세상에 발 디디며 걸어온 입구는 모든 노역을 마친 사후에야 열리는 출구이기 때문이다. 때문에 둥근 빛의 테두리 안에 갇힌 출구 없는 사람들의 저녁은 마치 하나의 휴지통을 연상케 한다.

    버려진 것들은 말이 없다
    신자유주의시대, 버려진 사람들
    마치 바탕화면 휴지통만 넘쳐나는 것처럼
    그래서 절망인 시대
    하루하루 연명해간다는 것 자체가
    슬픈 역사로 남는
    완전 삭제 가능한
    전소 혹은 다운
    지지직 끓고 있는 화면 같은 세상

클릭해 휴지통에 넣어버리면
바탕화면에 철옹성 같던 집 한 채
중장비 없이도 흔적 없다
미로처럼 납작하게 엎드린 활자나 그림들이
기거했던 JPG나 BMP, 한글의 문패 가진 집
그 집에는 정원과 연못 없어도
마음 누일 수 있어 행복했는데
내문서나 내컴퓨터, 인터넷, 네트워크환경처럼
너무 한 집에 오래 머문 것들 해고하거나
늙은 정보들은 휴지통에 고려장시키거나
그러나 새로운 파일들은 다시 태어난다
버려진다, 그때마다
아프다는 말도 못하는
컴퓨터 휴지통 같은 세상 속
사라지는 사람들

버려진 것들은 말이 없다
— 「휴지통」 전문

    세계에서 가장 쓰레기통이 많은 나라는 어디일까. 아마

도 인구가 가장 많은 중국일 것이다. 2007년 2월 19일자의 한 뉴스 기사 제목은 "중국 '세계의 공장'서 '쓰레기통'으로 전락하다"이다. 인구수와 경제성장에 비례하여 쓰레기통이 많아진다는 가설이 제법 그럴싸하게 성립된다. 자본주의사회에서 사람은 "완전 삭제 가능한" 하나의 "납작하게 엎드린 활자나 그림들" 따위의 도구에 지나지 않는다. "늙은 정보들은 휴지통에 고려장시키거나/ 그러나 새로운 파일들은 다시 태어"나는 식의 논리는 철저히 생산적인 가치의 유무에 의해서 계산된 효용적 논리인 것이다. 자본에서 소외된 자들은 자기 스스로가 하나의 커다란 감옥이며 동시에 쓰레기통이 되어버린다. "매장당한 채 부패해가는"(「녹물 한잔 들이키다」) 쓰레기통이란 본디 입구가 곧 출구이며 들어온 곳이 곧 나가는 문인 상징적인 구조물이니 "버려진 것들은 말이 없"는 이유는 깊게 생각하지 않아도 누구나 쉽게 결론에 이를 수 있을 것이다. 그렇다. 그들은 쓰레기인 것이다!

  시인은 폐기처분되어지는 사람들의 경로를 역추적한 결과 다음과 같은 새로운 결론에 이르게 된다. 사건의 전모는 이렇다. 그들은 "둥글게 사느라 정작 둥근 모습을 잃어버"(「호박 옆에 앉아」)린 사람들이었던 것이다. 또한 그들은 "사는 일이 악몽을 만드는 것"(「플래카드에 대한 묵상」)임을 뼈저리게 맛보았던 이들이었다. 그들에게서 시인은 쓰레기통에서 폐기처분을 기다리는 자들의 숙명을 엿본 것이다. 둥글게 살면서 세상에 적응하려고 발버둥치면 칠수록 정작 자신의 둥근 모습까지 잃어버리는 삶의 모순을 시인은 냉철하게 꿰뚫고 있는 것이다. 이렇게 인간의 본성마저 강압적으로 빼앗기는 현실에 대해 시인은 "소리와 하늘이 익사한 관 속에/ 몸 웅크리고 있다 튕겨져 나오는/ 녹물"이라는 절망적인 인식에 이른다. "투명하다는 것", 바르고 청렴하게 산다는 것은 "녹물에게는 먼 나라 이야기"(「녹물 한잔 들이키다」)라는 자괴감에 빠지기도 한다. 다시 말하지만 그것은 쓰레기의 삶이다. 어두컴컴한 빛 주위에 모여 식은 감자를 먹는 둥근 얼굴의 사람들은 그러니까 자본주의가 고안해낸 주형틀에 딱 맞도록 자신을 변화시킨 사람들이었던 것이다. 하지만 그렇게 적응해서 흘러온 컨베이어벨트의 맨 마지막엔 "해고"의 쓰레기통이 있다. 그러므로 컴퓨터 바탕화면에 띄워진 '휴지통'은 산업사회에서 정보화사회로 진화되어온 쓰레기들의 무덤을 보여주고 있는 것이다.

  컴퓨터와 밀접한 관련을 맺고 살아가는 현대인의 존재

는 모사된 이미지에 불과하다. '실재'는 실재하는 것이 아닌 파생실재로 전환된다. 모든 실재는 그 인위적 대체물인 '시뮬라크르(Simulacra)'이며, 현대인은 가상실재인 시뮬라크르의 잔영 속에서 허상으로 존재한다. 이러한 '가상실재'는 '실재'를 지배하면서 한 개인의 아픔까지도 가상으로 만든다. 시뮬라크르 사회에선 개인의 존재는 "JPG"나 "BMP" 같은 이미지 파일일 뿐이다. 한 개인의 죽음조차도 간단한 이미지 하나를 삭제하는 일인 것이다. 피할 곳은 없다. 우리를 클릭하는 손길은 우리의 용량과 제조일과 쓰일 수 있는 곳의 정확한 정보까지 다 알고 있다. "아프다는 말도 못하"(「휴지통」)고 누군가의 손길에 의해 삭제되어가는 하나의 이미지 파일일 뿐인 것이다.

시인 역시 이러한 현실에서 자유로울 수 없다. "나는 대학 졸업하고 첫 번째 직장인 학원에서/ 복제교육, 복제해 주는 국어강사다/ 나와 같은 기계가 한번 되어보라고/ 니네도 열심히 공부하면 선생님처럼 기계가 될 수 있다고"(「국어 강사 왈」) 기계화되고 물성화 되어가는 자신을 자조한다. 이러한 현실에서 그가 얻은 대안은 무엇일까. 어떻게 이 지긋지긋한 고통의 매트릭스에서 벗어날 수 있을까.

3. 원심력과 구심력의 경계를 따라 도는 지구

　다시, 고흐의 〈감자 먹는 사람들〉로 돌아가서 찬찬히 그림을 살펴보자. 그림 속에는 암흑을 밝혀주는 빛이 있다. 그 빛을 중심으로 사람들이 모여 있다. 빛과 어둠, 그 사이를 하나의 궤도로 삼으며 사람들의 일상은 반복된다. 그러나 그 빛마저 없다면 더듬더듬 얼굴을 쓰다듬으며 서로의 존재를 확인해야 할 것이다. 빛은 어둠을 더 부각시킨다. 어둠은 빛을 더 부각시킨다. 감자 먹는 사람들을 밝히는 불빛은 어쩐지 어둠의 블랙홀 속으로 서서히 빨려들어 가고 있는 것만 같다.

　시인도 이 빛과 어둠의 궤도 속에 있다. 그리고 일단 그는 돌기로 한다. 밖으로 빠져나가려는 자유와 일탈의 정신을 잡아 누르며 하나의 궤도를 따라 돌아보기로 한다. 안과 밖의 경계를 타면서 살아가는 삶은 본질적으로 세계의 변두리에 거주하는 이방인의 모습이며 아웃사이더의 전형이다. 이제 그는 "철옹성 같은" 세상의 중력을 거부하며 비상구를 찾아보기로 한다. 그리고 가끔은 "삶의 개구멍"을 발견하기도 한다. "하지만 비상구는 없었다/ 아니, 비상구를 아예 몰랐다"(「내 인생의 비상구」)고 그는 마침내 황망한 얼굴로 절규하기 시작한다. 그의 정신은 이제 바깥을 향해 뛰쳐나가려는 탈속의 원심력과 현실의 중심으로 잡아 가두려는 구심력에 의해 사방으로 분열하기 시작한다. 미쳤다는 의미의 '돈다'와 별로 다를 게 없는 "팽이처럼", "돌다가 그 자리에 주저앉을 것 알면서도/휘청"(「노총각 김씨」)거리며 그는 돌기 시작한다. 이 팽팽한 힘의 균형이 그의 시를 이루는 역설의 변증법을 만들어낸다. '지금, 여기에'를 지향하는 그의 시의 건강함이 돋보이는 순간이다.

>새가 나무에 앉는 것은
>하늘이 싫어서가 아니다
>너무 푸른
>그곳에 차마 동선을 그릴 수 없어서다
>…중략…
>보라,
>새가 그 가운데를 타고 날아간다
>—「새」 부분

고선주 식으로 말하자면 시인은 '하늘에 머물 수도, 땅에 앉을 수도 없는 그 간격을 타고 날아가는 새와 같은 존재'이다. 그렇다면 시인은, 끊임없이 구르는 돌을 들어 올리는 시시포스의 실존적 삶을 감내하며 사는 존재이다. 시시포스의 고독은 끝없이 굴러 내려오는 돌에 있지 않다. 그 돌을 오직 홀로 맞서야 하며 누구의 조언도 들을 수 없는 그 상황에 기인한다. "제초제보다 더 독하게 살아온/ 세월을 일으켜 세"(「식물의 싹」)우는 고된 노역의 삶은 오직 스스로 감당해야 하는 것이다. 이러한 인식은 그의 시가 까뮈나 사르트르처럼 실존주의의 자양분을 얻어 태어나고 있음을 보여준다. "팽이처럼 돌다가 그 자리에 주저앉을 것 알면서도/ 휘청"(「노총각 김씨」)거리며 세상을 부랑하는 사람은 그러므로 단순히 퇴폐적 낭만주의자가 아닌, 그럼에도 불구하고 살아가야 하는 팽팽한 역설의 긴장감 위에 서 있는 실존적 존재인 것이다.

4. 조숙한 아이, 순진한 어른—'꽃'과 '껏'

성서에서 선지자는 그의 추종자들에게 "뱀처럼 지혜롭고 비둘기처럼 순결하라"고 말한다. 뱀의 사악함이 아닌 지혜를, 비둘기의 유약함이 아닌 순결을 배워야 한다는 말은 모순으로 가득 차 있는 듯하다. 그러나 궤도를 이탈

하지 않는 힘은 위에서 살펴 본 것처럼 중심에서의 이탈과 중심으로의 지향을 버티는 데서 비롯된다.

    꽃은 봄에 피지 않는다
    십구 개월 된 딸아이 입에서 먼저 발화한다

    한창 말하는 재미에 푹 빠진 아이
    꽃, 꽃, 꽃 했더니 껏, 껏, 껏 한다

    껏, 껏, 껏 소리에
    흙 위에서는 결코 피지 않는
    꽃 만발한다

    제철에 만날 수 없는 꽃
    내 안의 꽃은
    온통 아이가 껏, 껏, 껏 해야 만날 수 있으리

    껏을 보면서
    아이에게 무수히 많은 겨울이 올 것이고
    꽃은 겨울에 피어 봄에 질 것이란 생각을 하다가

문득 앞을 보았더니 껏 하나가 방긋 웃고 있었다
— 「꽃」 전문

고선주의 시는 이렇게 상호간 어떤 대척점(對蹠點, antipodes)을 가지고 생성되고 있다. 위의 시는 그의 양립하는 두 개의 세계관이 작품에서 어떤 기능을 감당하는지를 엿볼 수 있게 한다.

관습화된 '꽃'의 세계에서 꽃은 겨울에 잎이 시들고 마르는 존재이다. 그것은 상식의 세계이며, 고정관념의 세계이다. 따라서 꽃과 껏의 세계는 소통의 단절을 보여주고 있다. 소통의 단절은 어른과 아이 사이에서만 나타나는 현상이 아니다. 가난한 사람과 부자도 정상인과 장애인 사이에서도 나타난다. 권력을 쟁취한 자는 자신들이 만든 법과 질서와 제도로 권력 없는 자를 단절시킴으로써 기득권을 계속 유지해 나가려 한다. 소통의 부재는 언어에도 나타난다. 언어의 기득권자인 우리들은 "꽃"의 세계에 살고 있으며 아이는 자신이 창조해낸 "껏"의 세계에 살고 있다.

언어의 기득권자인 우리들과 아이의 사이에서 시인이 소통을 중재한다. 중재하는 자는 연민과 안타까움으로 아이를 바라본다. "아예 태어나지 않으면/ 겪지 않을 수많은 고통"(「비눗방울」)을 아이는 모르고 있다. 착하고 어리석고 바보처럼 천진난만한 그 어린 세계는 비웃는 배후의 얼굴들을 보지 못한다. 그런 비열한 웃음의 폭력성을 아이는 모른다. "얼마 날지 못하고/ 흔적 없이 사라지는 것 보고 좋아한다/ 그게 세 살 된 딸아이가 살아갈 세상이라는 것,/ 아이는 다 알지 못한 채 마냥"(「비눗방울」) 즐거워할 뿐이다. 아무것도 모르고 즐거워하니까 비극은 한층 더 비극적이다.

그러나 "껏"의 세계는 독사굴에 어린이가 손 넣고 장난 쳐도 물지 않는 성서 속의 낙원을 표상한다. 왜냐하면 그곳에선 이브와 뱀이 서로의 말을 알아들을 수 있었다. 우리가 규정해놓은 말 그 이상의 의미로 상호소통할 수 있는 곳이 낙원이었다. 언어의 단절은 소통의 단절이며 소통의 단절은 곧바로 이기적인 지옥을 창조한다. 그래서 시인이 살아가는 세상은 "하루만 지나도/ 썩은 냄새 진동"(「물에 反함」)한다. "정신부터 새로 세팅해 주어야"(「볼링에 얽힌 우화」)한다고 시인은 말한다. 아르누보가 됐든 쉬르레알리즘이 됐든 하다못해 파시즘이 됐든 썩어빠진 형식의 확실한 파괴가 있어야 한다는 것을 시인은 **뼈저리게** 느끼고 있는 것이다.

그러나 아이의 말을 알아듣는 시인은 순진하다 못해 어리석기까지 하다. 순진한 아이는 곧 순진한 시인의 이면이다. 시인은 어른의 귀로 아이의 생각을 알아듣는 기형의 "말"에 능통하다. '조숙한 아이, 순진한 어른'의 의미가 내포하는 모순이야말로 시인이 세계에 갈등하는 방식으로 드러난다. "아무리 말해도 소리가 들리지 않는", "아무리 들으려 해도 말이 없"(「不通」)는 세상과 소통을 시도하려는 시인은 아무 규율도 형식도 없는 순수한 어린 아이 앞에 앉아 있다. 아이가 "껏"이라고 말하는 세계의 아름다움과 순진함과 그 위태로운 안타까움은 조숙한 어린 아이인 시인의 몫이다. "아파하지 않은 사람은 결코 들을 수 없는/가슴에 박히는 노래"(「그해 여름 매미는」)가 있다는 사실은, 그가 왜 세상과 불협화음을 일으키며 아파하는지, 어째서 "제일 안 통하는 것, 말 아닌가"(「不通」)라는 독백을 어린 아이처럼 중얼거리고 있는지를 엿보게 하는 것이다.

5. 절망할 것인가, 노래할 것인가

다시 〈감자 먹는 사람들〉로 돌아와서 이번엔 그들의 표정에 주목하자. 그들은 눈은 퀭하다. 힘센 팔뚝과 굵은 주름들은 지나온 세월의 내력을 보여준다. 그들은 한 광주리 감자 앞에서 무엇을 생각하고 있을까. 자세히 보면 빛 주위로 따끈한 김이 모락모락 피어 오르는 듯하다. 시인도 그걸 보고 있는 걸까. 어둠 속에서 살아 꿈틀거리는 빛의 터치를 보면서 구원이 있다고 믿는 걸까.

고통이 고통인 것을 아는 사람만이 시인이 된다. 그러나 그 고통의 늪 속에 빠져서 스스로 아무 것도 감당하지 못하는 존재가 아니라 그 속에서 연꽃을 피워내는 존재여야만 한다. 시인은 무당이나 제사장과 같이 신 앞에서 타인을 위한 대속적 사명을 감당해야 하는 존재인 것이다. 인간사 무수한 희로애락을 자신의 몸을 그릇 삼아 신 앞에 올리는 것, 그래서 작품을 읽는 이들에게 카타르시스를 제공하여 현실에서 구원의 희열을 맛보게 하는 것, 그것이 시인의 사명인 것이다. 그러나 그것은 말처럼 쉬운 것이 아니어서 늘상 "북을 쳐도/ 지친 삶은 듣지 못한다"(「북을 치다」)와 같은 허무에 빠지기 쉽다. 뿐만이 아니다. 교묘하게도 사람들은 그가 "작은 북"이라는 사실을 알아차린다.

가슴이 두근거릴 때마다

내 몸은 작은 북이 된다
이 사람 저 사람, 툭 치고 지날 때마다
소리 없는 파열음으로 주저앉는다
—「북을 치다」 부분

사람들조차 함부로 툭툭 치고 지나가는 북은 "일찍부터 공허하게 배부른 채" "박자 놓친 삶만 발 동동 구르"는 절망을 알게 된다. 그러면서 북은 "둥근 매질"과 같은 '자학을 통해 원만하고 둥글게 사는 법'을 배운다. "암놈인지, 수놈인지 모를, … 소리"(「북을 치다」)는 북으로서의 정체성 혼동에까지 이른다.

세상을 향해 자라는 내 손톱은
깎고 깎아도 다시 자라지만
아버지 흙 만지는 손은
모난 것들 보살피느라 닳아서 둥글다
—「손」 부분

좌절과 자학의 정서는 손톱에서도 나타난다. 손톱이란 노동의 시간과 같아서 깎아도 깎아도 또 자라난다. 그 손톱의 힘으로 뭔가를 움켜쥐기도 했고, 차마 놓을 수 없는 간절함으로 고민하던 밤들이 그에게도 있었을 것이다. 그러나 "세상을 향해 자라는" 욕망은 손톱처럼 말초신경 끝에 자라는 것이어서 조심하지 않으면 오히려 상처를 입을 수 있다. "독한 가시로/ 꽃 피우고 열매 맺는 탱자나무처럼/ 살고 싶었던 사내" 역시 가시가 잔뜩 돋아난 제 몸을 모를 리 없다. 시인은 그걸 깎는다. 깎는다는 것은 욕망의 거세이나 그것을 통해서 둥근 세상으로의 회귀를 이룰 수 있다는 것을 그는 알고 있다. "탱자울타리 끝자락에서 잠시 서성이다/ 멀어져"(「탱자울타리에 멈춰선 사내」)간 사내는 어떤 표정을 지었을까.

> 매미는
> 푸른 나무들을 악보처럼 펼쳐놓고
> 바람이 건들 때마다
> 몸 흔들며 노래 부른다
> 마음 저리는 날도
> 지열로 온몸 끓어오르는 날도
> 운명처럼 소리통을 닦는 매미
> …중략…

> 누구 하나 들어주는 사람 없지만
> 비탈길에 서있는 나무들에게
> '힘들어하지 마라'
> 아파하지 않은 사람은 결코 들을 수 없는
> 가슴에 박히는 노래 종일 부른다
> ─「그해 여름 매미는」 부분

 그러나 그는 말하지 않는다. 그는 차라리 노래한다. 노래란 깨달은 자의 언어가 아닌가. 나무가 있고(하늘과 땅의 중간에서 어느 쪽에도 머물기를 원하지 않는 나무), 그 나무에는 "바람이 건들 때마다/ 몸 흔들며 노래"하는 매미가 있다. 매미는 시인이며 그리고 그것은 출구 없는 세상을 일찍 알아버린 자의 "운명처럼 소리통을 닦는"분신이다. 실존적 존재에게 주어진 선택은 '오직 할 뿐'이라는 사실을 잘 알고 있는 시인은 "비탈길에 서있는 나무들에게/ '힘들어하지 마라'"(「그해 여름 매미는」)고 노래한다. 그 노래는 무의미한 객체로서의 '나'가 아닌, 의미있는 주체로서의 '나'라는 사실을 분명히 알고 있는 풍자의 노래이다. "아파하지 않은 사람은 결코 들을 수 없는/ 가슴에 박히는 노래"를 그는 알고 있고, 노래는 나무와 새가 도달

하려는 물리적 거리보다 훨씬 더 먼 마음 깊은 곳까지 흘러갈 수 있다는 사실에 그는 주목한다. 그러니까 그는 노래하는 음유시인인 셈이다. 시는 "산비탈인 줄 알면서 푸른 하늘만 보는 나무들"(「나무들이 웃는다」)처럼 뿌리는 땅 속으로 숨어들며 음주광성을 지니고 있지만 그 가지와 잎은 하늘을 향하는 양주광성을 동시에 지향하고 있다. 들리는가, 正과 反의 팽팽함이 피워 올리는 푸른 나무들 속에서 은은하게 울리는 노래 소리. "결코 뒤돌아보지 않고 앞만 내달렸을 그 삶이/ 좌우로 균형 맞추고 있는 이유"(「리어카는 달린다」)를 이제야 알겠는가. 그는 마침내 노래하기로 작정한 것이다.

6. 전파사 아저씨는 스스로를 계몽할 것이다

시 속의 그는 우울하다. 우울함은 무엇인가, 그것은 한 개인의 상처자국이다. 그렇다면 우울은 어떻게 생겨나는가. 외부의 폭력은 해묵은 존재의 집에서 벗어나려는 새로운 시도의 좌절에서 비롯된다. 그러므로 인간 내부에 있는 눈먼 지점들은 외부의 폭력으로부터 희망이 정지된 지점들이다. 이 화석화된 희망이 보여주는 것은 우리가 굴레를 벗어버릴 수 없다는 절망뿐이다. 우울은 그렇게 싹이 터서 무성하게 정신을 황폐화시킨다. 상처의 세상에 한 발을 딛고 또 한 발을 허공에 디디며 일어서려는 시인은 두 개의 서로 다른 세계가 길항하면서 만들어내는 격정의 시간을 自主人답게 견뎌내야 한다. 뿐만 아니라 더 나아가 이제 그는 스스로를 계몽시켜야 한다. 타인과의 의미없는 동일성을 강요하는 자본주의 시대에서 시인은 소외를 본질로 하는 예술가의 운명을 거부할 수는 없다. 김수영의 말처럼 "풍자가 아니면 해탈"인 시인의 운명을 달게 받아들여야 할 것이다. 그뿐만이 아니다. 자신을 구원하는 데서 그치는 것은 계몽주의자가 할 일이 아니다. "니놈들과 니놈들의 자식놈 좋으라고 심는다"(「감나무 묘목」)는 아버지와 "고장난 사람들이/ 고장난 것들을 들고 우글거"(「전파사」)리는 세상을 뜯어 고칠 수 있는 "전파사 아저씨"가 되어야 할 것이다.

  부조리함을 인식하면서도 그러나 살아가야 한다는 역설의 저항정신을 이미 온몸으로 체득하고 있음을 이 시집은 모두에게 증언하고 있다. 그렇다면 두 날개가 만드는 正과 反의 균형을 타고 날아오르는 모습을 독자들은 꿈꿀 것이다. 현실의 모순과 대립을 인정할 뿐만 아니라 자기 자신의 부정정신을 통해 날아오르는 새의 모습을 기대할 것이다. 그것이 시인이 독자들에게 보여줄 수 있는 죽고 싶을 만큼의 황홀한 자유가 아니겠는가.

　보라,
　새가 그 가운데를 타고 날아간다
　—「새」 부분

　그가 마침내
　우리 앞에 한 권의 시집을 내놓고 천천히 비상의 날갯짓을 시도하고 있다.